Meine reizenden Bakterien

Mahshid Darab

Meine reizenden Bakterien

Autor: Mahshid Darab
Erscheinung: 2022
Druck: Amazon
Preis: 8,00 Euro

ISBN: 9798418379238

Biografie

Sie müssen das erste Kind in der Familie sein, um zu verstehen, wie ich mich am ersten Schultag mit einer anderen Emotion fühle als andere Kinder. Ich machte den ersten Schritt, um Wissen zu erwerben, während ich mich um die Erwartungen meiner Eltern und ihre Wünsche kümmerte. Die Tage vergingen so schnell und ich habe die Kurse erfolgreich bestanden.Mit der Ankunft meines einzigen Bruders war ich nicht mehr nur ein Schüler, sondern unterrichtete ihn auch.

Die Vertrautheit mit der Kunst, Kleidungsdesignerin, der Fotografie und des Schreibens hatte meinen eindimensionalen und ernsten Geist in einen neuen zweidimensionalen Geist mit künstlerischer Subtilität verwandelt, dessen Wirkung selbst auf dem Höhepunkt meines Unglücks und der Veröffentlichung von ein ständiges Lächeln war Schrei der Stille.

Das Ende der schule und der Beginn der Universität für Mikrobiologie, die ein reines Forschungsgebiet ist, war ein Versprechen für die hoffnungsvollen und herausfordernden Tage der Zukunft. Es führte zur Anmeldung von zwei Patenten.

Als ich heute mit meiner Frau in Deutschland lebe, habe ich beschlossen, die Ergebnisse meiner Forschung und die anderer Mikrobiologen über Bakterien in Form eines Buches zu veröffentlichen, damit jeder weiß, dass Bakterien wie alle Lebewesen gut und schlecht sind. Und dass sogar ein Leben ohne sie möglich ist. Es ist nicht möglich.

EINLEITUNG

Fühlt euch niemals einsam. Alle von uns haben Milliarden von unsichtbaren und treuen Freunden um uns herum. Sie sind uns sehr nahe, viel näher als Sie denken. Sie befinden sich tatsächlich in unserer Umgebung und sogar auf unserem Körper! Diese unsichtbaren Freunde nennt man Mikroorganismen.

Mikroorganismen sind Organismen, die mit bloßem Auge nicht gesehen werden. Mikroorganismen gibt es überall, von der Luft über den Boden bis zur Haut des Körpers, zu den Schleimhäuten und zum Schleim des menschlichen und tierischen Körpers, sodass Tiere und Pflanzen ohne Keime nicht leben können.

Unmittelbar nach der Geburt werden Millionen von Bakterien vom Körper der Mutter auf den Körper des Babys übertragen und in die Haut und den Verdauungstrakt übertragen. Und sie beginnen zu leben. Sammlungen von Bakterienarten und Zellen werden Mikrobiome genannt.

Was uns Menschen bildet, ist meiner Meinung nach einer Kombination aus unserer DNA und der DNA-harmloser Keime in unserem Körper. Man kann sich leicht vorstellen, dass all diese mikroskopischen

Kreaturen keinen bestimmten Zweck oder Nutzen haben.

Es gibt einige dieser Keime, die uns helfen Energie aus Lebensmitteln zu verdauen. Andere helfen dabei, Nährstoffe, einschließlich Vitamine, aufzunehmen und einige helfen dabei, unser Immunsystem zu formen - nicht das Immunsystem anzugreifen. Andere ernähren sich von Schweiß, Fett und abgestorbenen Hautzellen und schützen uns wiederum vor eindringenden Bakterien und Pilzen.

Leider benötigen unsere unsichtbaren und wertvollen Freunde ein sensibles Gleichgewicht, um zu leben. Verschiedene Faktoren wie Konservierungsmittel, übermäßige Kälte, Sonnenlicht, Medikamente (insbesondere Antibiotika) und sogar übermäßige Hygiene können dieses Gleichgewicht stören. Aufgrund der Störung dieses Gleichgewichts fühlen sich Haut und Körper unwohl und verlieren ihre Gesundheit.

Möglicherweise ist bei einigen Krankheiten nicht eine bestimmte Art von Keimen wichtig, sondern eine Verschlechterung der Funktion einer Gruppe von Keimen. Viele Wissenschaftler haben heute herausgefunden, dass diese mikroskopisch kleinen

Lebewesen für unsere Gesundheit unglaublich relevant sind. Wir müssen also über die Welt der Keime nachdenken.

Bisher war unsere Beziehung zu Keimen feindlich: Antibiotika und Impfstoffe sind unsere Waffen zur Bekämpfung von Methicillin-resistenten Pocken, Tuberkulose und Goldstaphylokokken. Dieser Kampf hat gut funktioniert und viele Leben gerettet, aber die Forscher befürchten, dass "gute Bakterien" im Kampf gegen die bösen Bakterien unbeabsichtigt geschädigt werden könnten. Wissenschaftler haben herausgefunden, dass eine geringere Exposition gegenüber Mikroorganismen Autoimmun-erkrankungen verstärken können. Unser Immunsystem kann uns angreifen, und manche glauben, dass die Hygiene mitschuldig ist.

Die Exposition von Kindern gegenüber einer Vielzahl von Mikroorganismen - zum Beispiel, wenn sie auf dem Feld leben oder keine Antibiotika nutzen- kann sie vor Asthma schützen. Die Haut ist unser größtes Organ und es sind alle Arten von Bakterien darin. Diese Bakterien leben in verschiedenen Bereichen unserer Haut. Bakteriengemeinschaften sind auch in der Lunge und Nase vorhanden. Bakterienarten leben mit Zellen zusammen. Folgend lernen Sie die freundlichen Bakterien im Körper kennen.

HAUT

Bakterien, die unsere Haut schützen:

Es gibt viele verschiedene Arten von Bakterien auf unserer Haut, von denen die meisten unschädlich sind.

– **Staphylokokken staphylococci:**

Unsere Haut hat durchschnittlich etwa eine Billion Bakterien, die meisten davon Staphylokokken, die unseren Körper im Wettbewerb mit den gefährlichen Krankheitserregern auf der Haut gesund halten.

– **Staphylokokken-Epidermis:**

Eines dieser nützlichen Bakterien. Es schützt die Hautoberfläche vor Keimen in der Umwelt und beugt bakteriellen Infektionen vor. Dieses wohltuende Bakterium schützt unsere Haut vor Dermatitis und Rosazea.

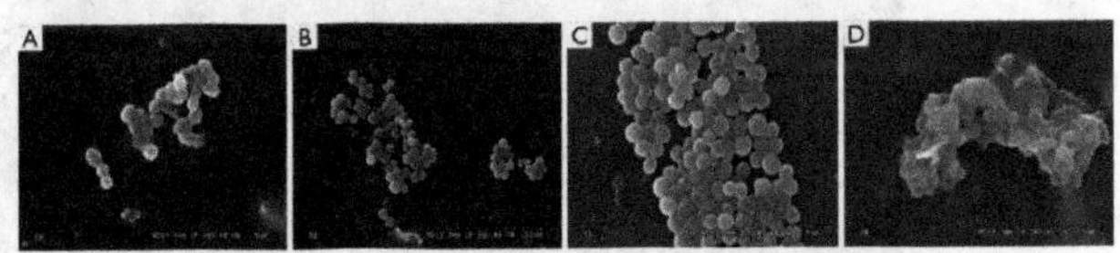

– **Propionibacterium acnes:**

Es ist auf der Haut von Menschen mit Akne und ohne Akne gefunden, aber ihr Ausmaß ist unterschiedlich auf der Haut. Es setzt ein Protein namens RoxP frei, dass die Haut vor den Bakterien schützt, die an Hautproblemen beteiligt sind. UV-Strahlung stellt eine häufige Ursache für oxidativen Stress auf der Haut dar. Es wird angenommen, dass oxidativer Stress bei einigen Hauterkrankungen wie Ekzemen, Psoriasis und Hautkrebs eine Rolle spielt. Dieses Protein ist wichtig für das Überleben von Bakterien auf der Haut. Bakterien, die die Sekretion von RoxP-Protein verbessern, verbessern Ihr Lebensumfeld, was auch für uns von Nutzen ist.

GASTROINTESTINALTRAT

- **E. Coli:**

Bakterien, die Vitamine herstellen. A. E. coli ist am häufigsten als Bakterium bekannt, das Durchfall und Vergiftungen verursacht, mutiert jedoch nur dann als Antiheld, wenn es aus dem Dickdarm freigesetzt wird.

Wenn diese Bakterien am richtigen Ort sind, können sie Teil der nützlichen Bakterien im Verdauungstrakt des menschlichen Körpers sein und dabei helfen, gefährliche Bakterien zu kontrollieren und fernzuhalten.

Darüber hinaus produzieren diese Bakterien die Vitamine K und B-Komplex. Der menschliche Körper allein kann nicht genug von diesen Vitaminen produzieren. Wenn es an der richtigen Stelle ist, verhindert Vitamin K, dass die Arterien härter werden, und verringert das Risiko eines Herzinfarkts.

Nehmen Sie 5 Bohnen pro Woche in Ihre Ernährung auf, um dieses Bakterium aus der Luft zu halten und den Körper nicht zu schädigen. Die in Bohnen enthaltenen nicht absorbierten Ballaststoffe verdauen nicht, sondern passieren den Dickdarm und bewirken, dass E. coli seine vorteilhafte Produktion fortsetzt. Rote Bohnen haben den höchsten Fasergehalt, gefolgt von Kichererbsen. Abgesehen davon, dass Bakterien an Ort und Stelle bleiben, reduziert Ballaststoffe am Nachmittag Ihren Appetit und helfen Ihrem Körper, Nährstoffe leichter aufzunehmen.

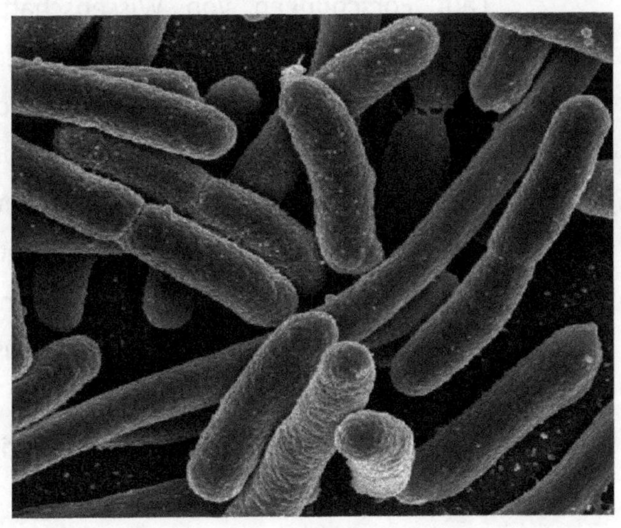

– Helicobacter pylori:

Sie müssen vom Namen Helicobacter pylori gehört haben. Tatsache ist, dass dieses berühmte Bakterium, während Sie noch in der Wiege sind, in Ihren Magen-Darm-Trakt eindringt und Ihnen hilft, während Ihres gesamten Lebens an Gewicht zuzunehmen.

Laut Forschungen von Wissenschaftlern der Universität von Kopenhagen, Dänemark, reguliert es Ihren Appetit und tötet jeden Tag einen schlechten Apfel, wenn man einen Tag isst. Apple produziert Milchsäure, aus der die meisten Bakterien flüchtig sind, aber Helicobacter pylori liebtes. Gute Keime verhindern, dass Hungersignale an den Körper übertragen werden, und tun alles, um Süßigkeiten und Kekse zu verhindern. Daher sollte es nicht möglich sein, dass diese nützlichen Bakterien leicht verloren gehen.

Dieses Bakterium hat jedoch seine Nachteile. Helicobacter pylori ist die Hauptursache für Magengeschwüre. Zur Vorbeugung können Sie ein Speck-Ei-Spinat-Sandwich einfüllen.

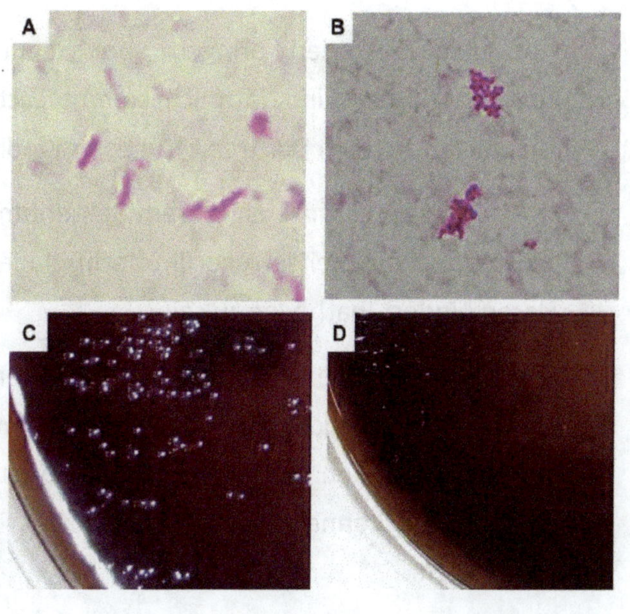
A
B
C
D

– Lactobacillus plantarum:

Viele Bakterien dringen von Geburt an in unseren Körper ein. Natürlich kommt Lactobacillus plantarum auch im Darm seit frühester Kindheit vor.

Das Interessante an diesem Bakterium ist, dass es sich an Krankheitserreger im Darm bindet und sie daran hindert, pathogen zu sein.

Die wichtigste Wirkung dieser Bakterien besteht darin, den Ursachen von Durchfall im Körper entgegenzuwirken. Geriebene Zucchini oder Kohl mit Essiggurken können diese Schutzmittel im Darm verstärken.

Bewegung und Hochdrucktraining wirken sich negativ auf die Anzahl der Bakterien aus. Iss vor dem Training ein paar Himbeeren oder Brombeeren, um diesem Problem vorzubeugen.

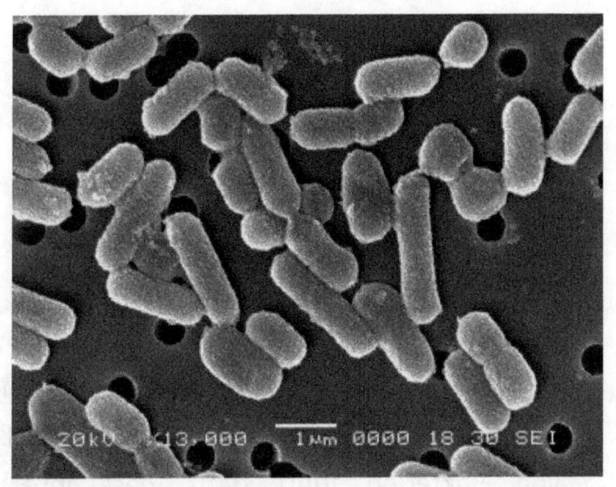
1µm

– **Bifidobacterium animalis:**

Mit diesem netten Freund können Sie Ihr Essen genießen und sich leicht fühlen!

Tatsächlich lindert es die Darmbakterien, wenn Sie Milchprodukte essen. Bifidobacterium animalis beseitigt die Symptome des Reizdarmsyndroms. Dieses Bakterium reduziert den Zeitaufwand für die Dickdarmfütterung um bis zu 21%. Die große Anzahl von Bakterien führt dazu, dass Ihre Nahrung schneller verdaut und der Magen sich sehr schnell entleert.

Die Rolle des Bakteriums bei der Wiederherstellung des Verdauungstrakts ist so wichtig, dass Menschen mit Reizdarmsyndrom oder chronischer Verstopfung häufig bakterienhaltige Medikamente einnehmen.

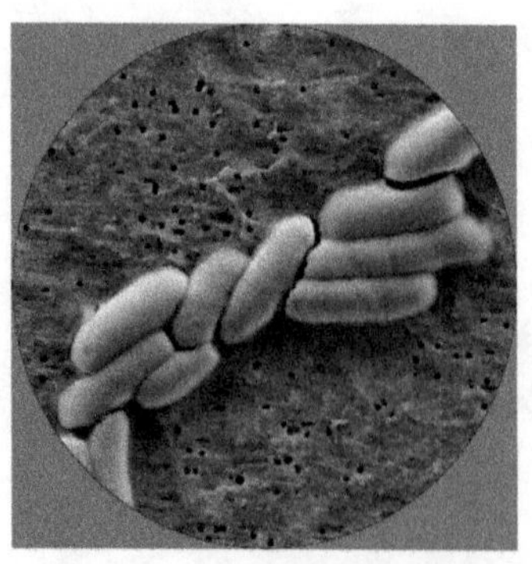

– Bifidobacterium bifidum:

Bakterien, die den Magen beruhigen: Diese Bakterien (eine Art Präbiotika) werden in Gegenwart gefährlicher Bakterien zu nützlichen Bakterien. Untersuchungen zeigen, dass ein bestimmter Stamm von Bifidobacterium bifidum bei der Heilung von Magengeschwüren helfen kann.

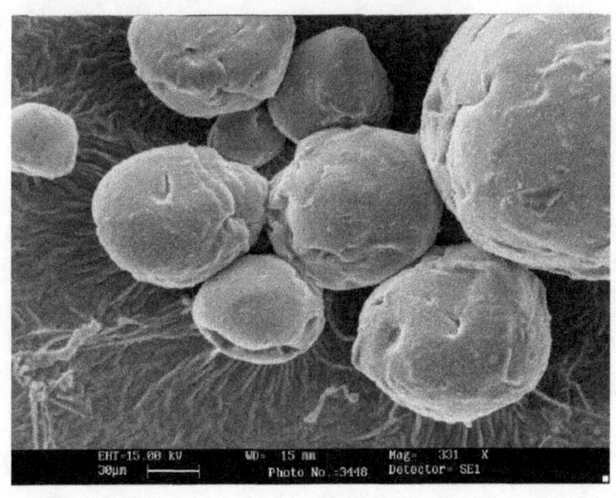

– **Bacteroides:**

Es hat eine seltsame Beziehung zum Menschen, und wenn es sich nicht im Magen und Darm befindet, kann die Synthese und der Abbau von Nahrungspartikeln im Verdauungstrakt schwierig sein. Bakteroide spalten die Nährstoffe der Nahrungsversorgung des menschlichen Körpers auf. Aber wenn sie diesen Bereich verlassen und andere

Körperteile betreten, können sie tödlich sein.

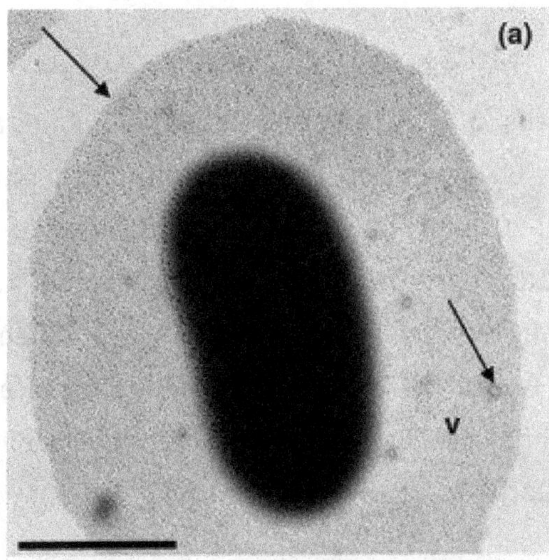

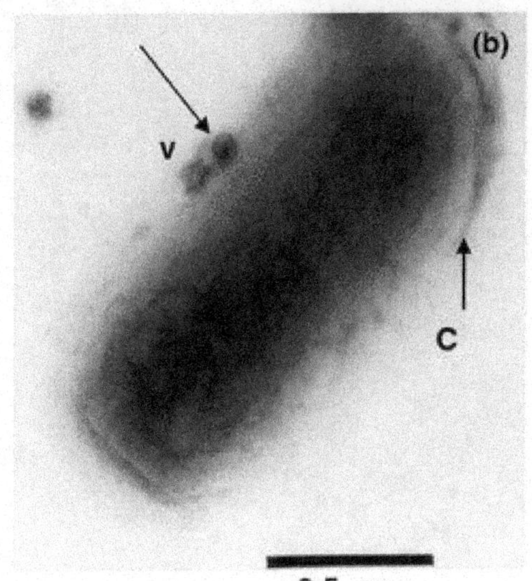

– Fermikate und Bacteroides:

Im menschlichen Magen-Darm-Trakt lebt mindestens 500 Arten, eine etwa ein Kilogramm schwere Bakterienart. Die meisten dieser Keime gehören zu den beiden Klassen Bacteroide und Firmiculate. Diese Bakterien bauen Kohlenhydrate ab und produzieren die Nährstoffe, die von Zellen wie Vitamin B und K12 benötigt werden. Sie entfernen auch schädliche Bakterien aus dem menschlichen Magen-Darm-Trakt.

– Bacteroides thetaiotamicron:

Bakterien, die Gemüse verdauen. Dieses Bakterium befindet sich im Magen-Darm-Trakt des Körpers und zersetzt gesunde Pflanzenmoleküle. Diese Bakterien spielen eine Schlüsselrolle bei der Verdauung des gesunden Gemüses, das wir in unserer Ernährung essen.

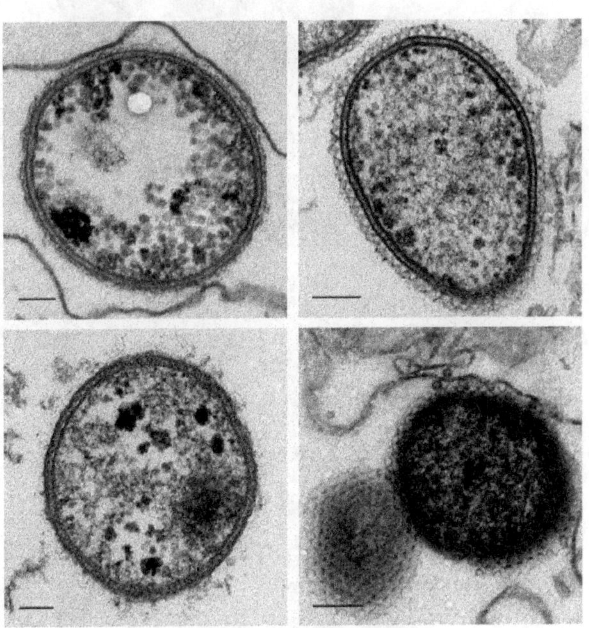

– Lactobacillus rhamnosus:

Bakterien, die zur Stabilisierung des Darms beitragen Lactobacillus rhamnosus ist ein weiteres Darmbakterium, das nachweislich zur Verbesserung der Darmimmunität beiträgt.

A *L. rhamnosus* CRL1505

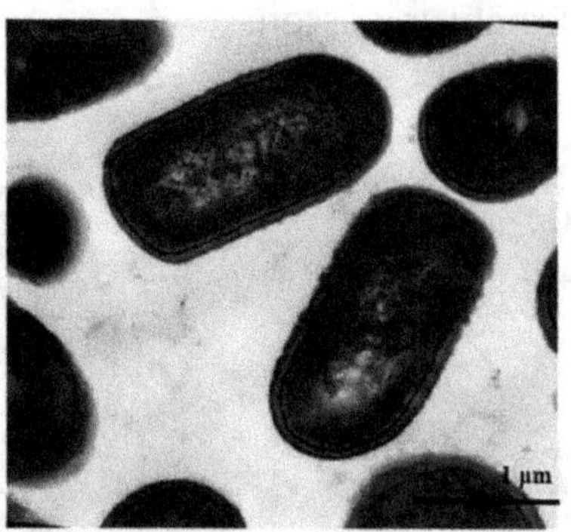

B IBLP1505

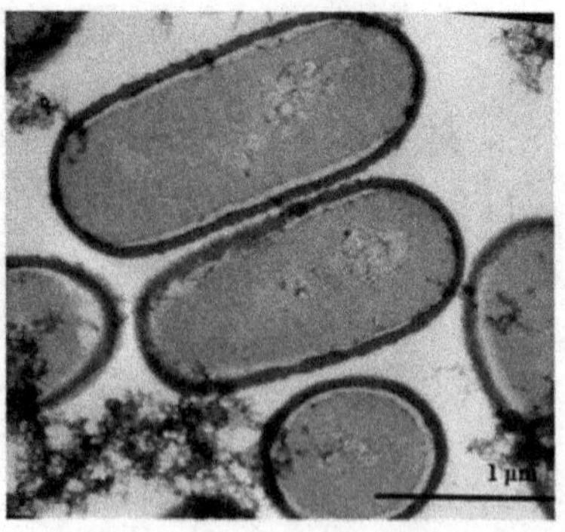

- **lactobaccilu acidophilus:**

Bakterien, die Darm und Vagina schützen. Diese Bakterien (eines der in Lebensmitteln verwendeten Präbiotika) fördern die Gesundheit. Forschungen zufolge spielt es nicht nur eine Schlüsselrolle für die Gesundheit des Darms, sondern auch für die Behandlung und Vorbeugung von vaginalen bakteriellen Infektionen.

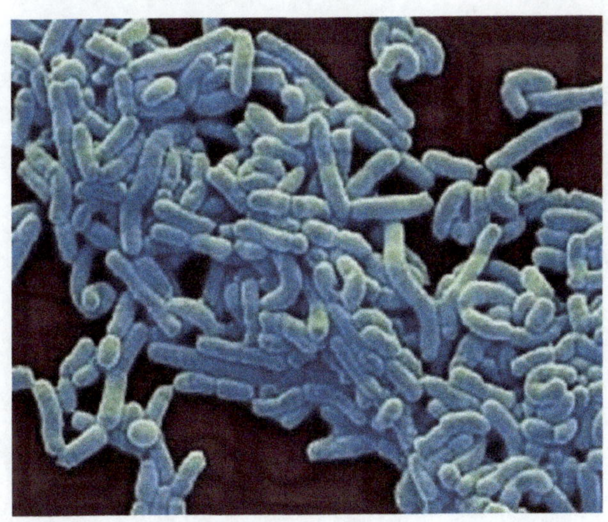

VAGINE

– Lactobacillus:

Die Vagina ist ein sehr empfindlicher Bereich ohne Hornschicht, um sie zu schützen. Daher ist sein Schutz die Schutzschicht von Milchsäurebakterien.

In diesem Bereich gibt es keinen physischen Schutz und nur dort gibt es einen Wettbewerbsschutz. Aus diesem Grund kann dieses empfindliche Gleichgewicht in diesem Bereich leicht gestört werden. Übermäßige Hygiene stellt eine Hauptursache für Vaginalstörungen dar.

Die Vagina hat ein dynamisches und aktives Ökosystem. Lactobacillus-Arten überwiegen in ihm und üben einen signifikanten Einfluss auf seine Mikrobiologie aus. Laktobazillen sind die bekannteste natürliche Vaginalflora und ihre Fähigkeit, einen pH-Wert zu erzeugen und eine saure Umgebung aufrechtzuerhalten (hauptsächlich aufgrund der sauren Eigenschaften des Wasserstoffperoxid Enzyms).

Es gibt eine Vielzahl von Lactobacilli-Arten, und Bakterien, Parasiten wie Trichomoniasis und bakterielle Vaginose sind dort vorherrschend, wo Lactobacillus vorherrscht.

Ein Lactobacillus-Mangel weist andererseits zahlreiche Infektionen auf, wie bakterielle Vaginose und Vaginitis. Tatsächlich hemmen die vorherrschenden Arten von Laktobazillen das Wachstum anderer pathogener Bakterien in der Vagina und ihre Mechanismen sind: Produktion von 1- Milchsäure,2-Wasserstoffperoxid,3-antimikrobiellen Wirkstoffen wie Laktocin und Bacitracin. Die produzierte Milchsäure hält den vaginalen pH-Wert im Bereich von 5/4 oder weniger und gilt als Hauptfunktion von Laktobazillen gegen vaginale Infektionen. Neben Milchsäure hemmt Wasserstoffperoxid auch das vaginale Pathogenwachstum. Bacitracin und Lactosin sind auch Proteine, die bakterizid wirken und gegen den Erreger wirken. In der Vagina scheiden eindringende Bakterien wie Hefe Candida albicans aus der Vagina aus.

Nützliche Bakterien in verschiedenen Körperteilen

– Lactobacillus reuteri:

Dieses Bakterium kommt in der Muttermilch vor und ist dafür bekannt, das Immunsystem unterstütze und Anti-Gas-Eigenschaften zu haben. Es soll auch entzündungshemmende Eigenschaften haben, die Libido steigern und Schmerzen vorbeugen.

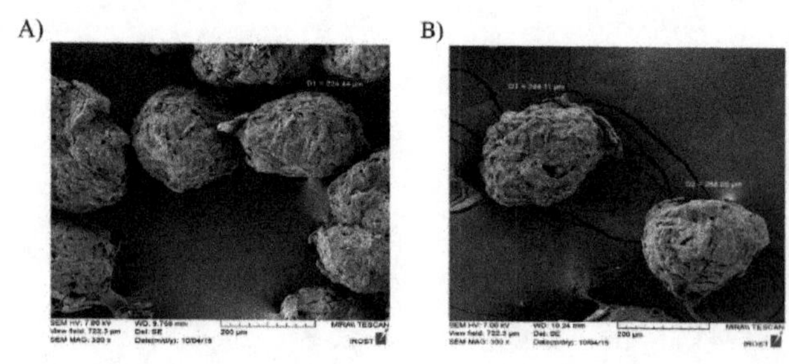

– **Pseudomonas aeruginosa:**

Ein Beispiel für Bakterien, die sowohl gut als auch bösartig sein können. Wenn es in den Blutkreislauf gelangt, verursacht es Krankheiten, produziert jedoch auch antimikrobielle Wirkstoffe wie Pseudomonsäure. Sie können Infektionen durch Staphylokokken- und Streptokokken-Bakterien entgegenwirken. Es werden auch Substanzen produziert, die das Wachstum verschiedener Pilztypen hemmen. Tatsächlich sind diese antimikrobiellen Wirkstoffe so wichtig, dass, wenn orale oder lokale Antibiotika das Bakterium Pseudomonas aeruginosa von der Haut abtöten, dies möglicherweise die Gelegenheit einer unerwünschten Pilzproliferation und -infektion schaffen könnt.

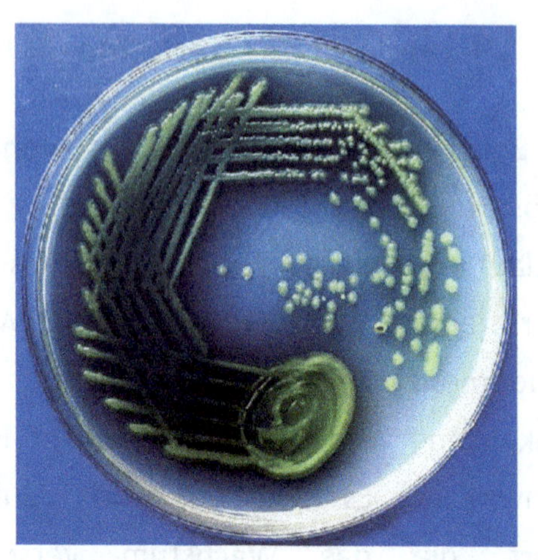

– Corinebacterium mastitis:

Bakterien, die unsere Augen schützen. Tränen, die aus unseren Augen fließen, spielen eine wichtige Rolle bei der Erhaltung der Gesundheit unserer Augen. Augentränen sind reich an antimikrobiellen Wirkstoffen, die die Augenoberfläche vor Keimen schützen. Natürlich gibt es nur eine Art von Keim in den Tränen der Augen. In einer Studie schützten die Bakterien nicht nur die Augen von Mäusen, sondern waren auch besser in der Lage, mit pathogenen Keimen umzugehen als Mäuse, die diese Bakterie nicht hatten.

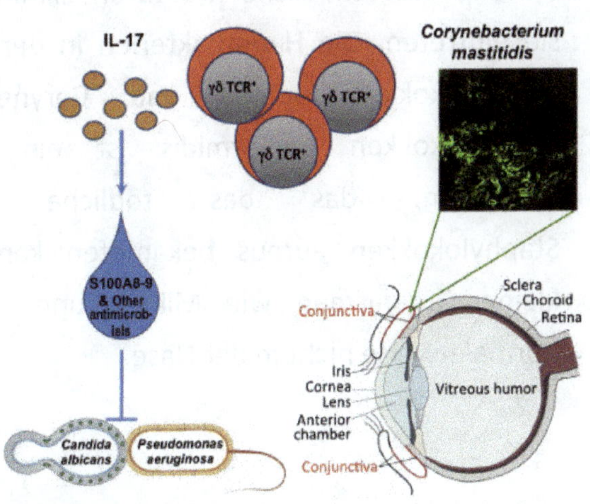

- **Streptokokken viridans:**

Diese Bakterien schützen den Pharynx und befinden sich im menschlichen Pharynx. Obwohl sie harmlos sind, können sie leicht wachsen und genügend Platz einnehmen, um die Gelegenheit zu nutzen, sich von schädlichen Bakterien zu vermehren.

- **Keime in der Nase:**

Die Nase und der Mund sind wie die Haut mehr der äußeren Umgebung ausgesetzt als jeder andere Teil des Körpers, und sie dringen zu jedem Zeitpunkt in viele Keime ein. Aber es gibt ein fortschrittliches System, das schädliche Kreaturen eliminiert, wenn sie eintreten. Die Hauptbakterien in der Nase sind Staphylokokken aureus und Corynebacterium. Staphylokokken epidermidis ist ein harmloses Bakterium, das das tödliche Bakterium Staphylokokken aureus bekämpfen kann. Andere kleine Organismen wie Milben und Pilze leben normalerweise nicht in der Nase.

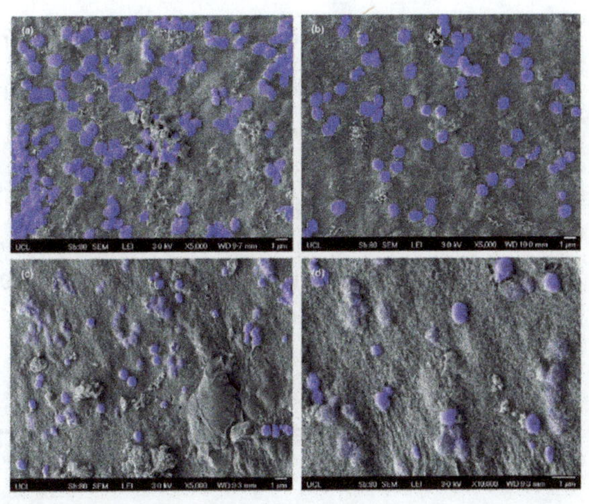

– Stinkende Achselhöhle Keime:

Wenn es keinen Organismus in der Achselhöhle gäbe, müssten Sie sich nicht mit dem schlechten Geruch dieses Körperteils auseinandersetzen, denn Wissenschaftler haben herausgefunden, dass der Geruch des Körpers durch Bakterien namens Corynebacterium verursacht wird, die die im Schweiß enthaltenen Fettsäuren und Proteine abbauen. Je größer die Anzahl dieser Bakterien ist, desto schwerer ist der Geruch.

Es sind auch viele Keime im menschlichen Körper bekannt, die unter normalen und gesunden Bedingungen keine Krankheit auslösen, unter widrigen Umständen jedoch schwere oder kontrollierbare Krankheiten auslösen können. Zum Beispiel:

- Bakterien auf der Kopfhaut
- Milben auf Augenbrauen und Wimpern

– Bakterien auf der Kopfhaut:

Die Hauptbakterien in der Haut sind Propion Bacterium und Staphylokokken aureus. Die Kopfhaut ist gesund, wenn das Propionatbakterium höher ist als die Anzahl der Staphylokokken, aber wenn die Anzahl der Staphylokokken höher ist, führt dies zu Schuppenbildung.

- **Milben auf Augenbrauen und Wimpern:**

Demodex-Milben leben auf den Wimpern und in den Follikeln der Augenbrauen und anderen Körperteilen. Diese winzigen Kreaturen haben lange und kurze, breite Beine und leben ihr ganzes Leben in Gesichtsbehaarung und Körper. Sie schlafen, füttern und paaren sich sogar dort. Aber diese Kreaturen sind trotz ihres tragischen Aussehens normalerweise kein Problem, es sei denn, ihre Population wächst oder sie lösen plötzlich eine allergische Reaktion aus. In diesem Fall können sie Hauterkrankungen wie Rosazea oder Seborrhoisches Ekzem verursachen. Manchmal sind diese Milben die Ursache für Trockenheit oder Brennen der Augen. Wenn wir älter werden, scheinen diese Kreaturen mehr an uns interessiert zu sein, da sie nur bei 20 Prozent der Menschen unter Zwanzig Jahren vorkommen.

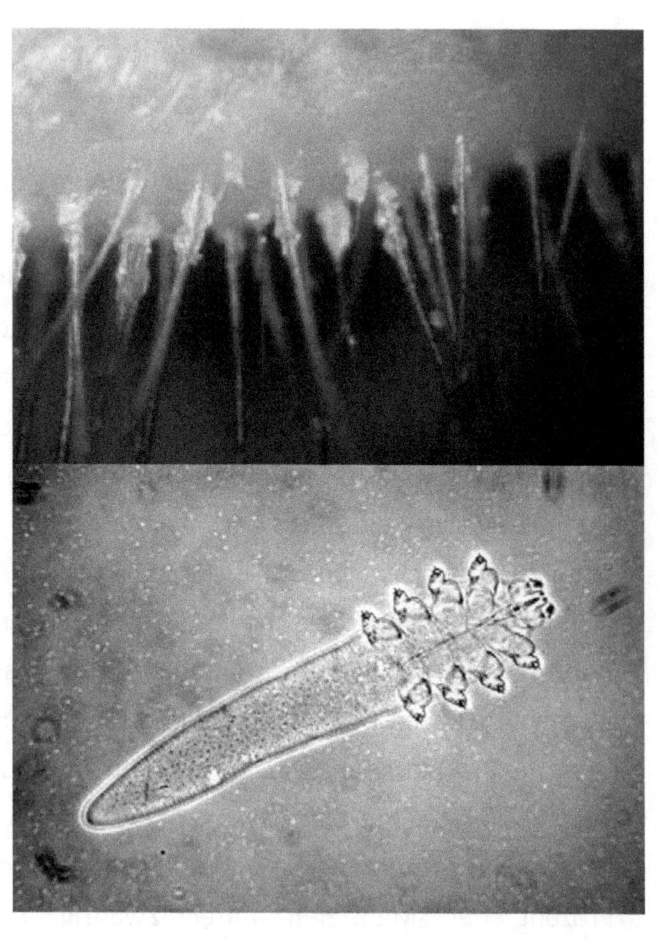

Probiotische Bakterien

- **Präbiotika:**

Präbiotika, Keime, Hefen und Bakterien sind gute und nützliche Bakterien, die zur Erhaltung der menschlichen Gesundheit beitragen und natürlich im Körper vorkommen, beispielsweise in der Muttermilch und in einigen Lebensmitteln wie Kefir. Sie werden auch als gesundheitsfördernde Zutat in die Nahrung aufgenommen, denn Nährstoffe und Nahrungsergänzungsmittel können mit diesen nützlichen Bakterien angereichert und sogar als Zusatz eingenommen werden.

Präbiotika sollten mit dem Ziel hergestellt und konsumiert werden, die Gesundheit ebenso zu fördern wie Keime und Bakterien. Präbiotika müssen mehrere spezifische Eigenschaften haben, zum Beispiel menschlichen Ursprungs, und müssen in der Lage sein, das mikrobielle Gleichgewicht im Darm zu verbessern. Präbiotika müssen mehrere spezifische Eigenschaften haben, zum Beispiel menschlichen Ursprungs haben müssen, und müssen in der Lage sein, das mikrobielle Gleichgewicht im Darm zu verbessern.

Zwei der bekanntesten probiotischen Bakterien sind Lactobacillus und Bifidobacterium. Eines hilft bei

Hinderung des Durchfalls und bei der Verdauung von Zucker in der Milch und das andere lindert die Symptome des Reizdarmsyndroms.

Sie Hilfen bei Absorption von Metallen wie Kalzium, Eisen, Chrom und die Vitamine A, D, E und K. Diese heilenden Bakterien werden insbesondere von Ärzten zur Besserung von Verdauungskrankheiten verschrieben. Die Stärkung des Immunsystems ist ein weiterer Vorteil von Präbiotika, und die Forscher versuchen immer noch, weitere Vorteile dieser Produkte zu entdecken. Präbiotika sind auch wirksam bei der Behandlung von Reizdarmsyndrom, entzündlichen Darmerkrankungen und infektiösem Durchfall (verursacht durch Viren, Bakterien und Parasiten). Präbiotika sollen dazu beitragen, Hautkrankheiten wie Ekzeme, Harnwegsinfekte, zu lindern und auch von Allergien, Erkältungen, Mundhygiene und Bluthochdruck vorzubeugen.

Viele Wissenschaftler sind der Meinung, das Überwachen und Untersuchung des Mikrobioms des Körpers frühzeitig weit verbreitet werden, da es wie ein goldener Schatz - wenn auch ein brauner

- von Gesundheitsinformationen geprägt ist. Es ist schwer vorstellbar, dass jedes Gramm menschlichen Stuhls so viel DNA der Keime enthält des Körpers, die für die Speicherung ihre Dateien mehreren Tonnen DVDs notwendig ist. Derzeit, Jedes Mal, wenn wir einen Siphon ziehen, zerstören wir all diese Informationen. In nicht allzu ferner Zukunft werden unsere Stuhlinformationen und unser Gesundheitszustand bestimmt, wenn wir den Siphon abtöten. Dies wird eine enorme Entwicklung sein.

Literaturverzeichnis

"Archived copy". Archived from the original on 2007-02-02. Retrieved 2007-02-02. (IJSEM, Paper in Press).

Adeoshun, F. G., & Ayeni, F. A. African Journal of Pharmaceutical Research & Development.

Al-Natour, S. H. (2012). Acne mimickers: Another cause for unresponsive acne. Journal of the Saudi Society of Dermatology & Dermatologic Surgery, 16(2), 35-40.

Ashraf, R., & Shah, N. P. (2014). Immune system stimulation by probiotic microorganisms. Critical reviews in food science and nutrition, 54(7), 938-956.

Ay, H., Aksoy, M., & Güngören, F. (2019). Assessment of autonomic nervous system functions and cardiac rhythms in patients using isotretinoin. Advances in Dermatology and Allergology/Post�py Dermatologii i Alergologii, 36(3), 291.

Bäumler, A. J., & Sperandio, V. (2016). Interactions between the microbiota and pathogenic bacteria in the gut. Nature, 535(7610), 85.

Bonifait, L., Chandad, F., & Grenier, D. (2009). Probiotics for oral health: myth or reality?. Journal of the Canadian Dental Association, 75(8).

BROWN, N. B. Potential of Manuka Honey as a Natural Polyelectrolyte to Develop Biomimetic Nanostructured Meshes With Antimicrobial Properties. Frontiers in Bioengineering and Biotechnology, 2019; 7 DOI: 10.3389/fbioe. 2019.00344.

Capone, K. A., Dowd, S. E., Stamatas, G. N., & Nikolovski, J. (2011). Diversity of the human skin microbiome early in life. Journal of Investigative Dermatology, 131(10), 2026-2032.

Chaban, B., Albert, A., Links, M. G., Gardy, J., Tang, P., & Hill, J. E. (2013). Characterization of the upper respiratory tract microbiomes of patients with pandemic H1N1 influenza. PLoS One, 8(7), e69559.

Curtis, M. M., Hu, Z., Klimko, C., Narayanan, S., Deberardinis, R., & Sperandio, V. (2014). The gut commensal Bacteroides thetaiotaomicron exacerbates enteric infection through modification of the metabolic landscape. Cell host & microbe, 16(6), 759-769.

Degitz, K., & Ochsendorf, F. (2008). Pharmacotherapy of acne. Expert opinion on pharmacotherapy, 9(6), 955-971.

Eksi, F., Bayram, A., Mehli, M., Akgun, S., & Balci, I. (2010). Microbial flora on the hands of healthcare workers. African Journal of Microbiology Research, 4(22), 2343-2349.

El-Sayed, M. H. (2019). Occurrence of Multi-drug Resistant Bacteria in Some Selected Street Food Samples. Journal of Pharmaceutical Research International, 1-8.

Erdogan, A., & Rao, S. S. (2015). Small intestinal fungal overgrowth. Current gastroenterology reports, 17(4), 16.

Furet, J. P., Firmesse, O., Gourmelon, M., Bridonneau, C., Tap, J., Mondot, S., ... & Corthier, G. (2009). Comparative assessment of human and farm animal faecal microbiota using real-time quantitative PCR. FEMS microbiology ecology, 68(3), 351-362.

Glicksman, M. (Ed.). (2019). Food hydrocolloids (Vol. 2). Crc Press.

Greene, S. K., Daly, E. R., Talbot, E. A., Demma, L. J.,

Grice, E. A., & Segre, J. A. (2011). The skin microbiome. Nature Reviews Microbiology, 9(4), 244.

Herald T. J., Aramouni F. M., & Abu-Ghoush, M. H. 2008. Comparison study of egg yolks and egg alternatives in French vanilla ice cream, Journal of Texture Studies, 39: 284-295.

Inglin, R. C., Stevens, M. J., Meile, L., Lacroix, C., & Meile, L. (2015). High-throughput screening assays for antibacterial and antifungal activities of Lactobacillus species. Journal of microbiological methods, 114, 26-29.

Jubair, H. H. (2015). The Relationship Between Biofilm Forming and Antibiotics Resistance of Streptococcus mutans Isolated From Dental Caries. Int. J. Curr. Microbiol. App. Sci, 4(5), 568-574.

Kim, G. K., & Del Rosso, J. Q. (2012). Oral spironolactone in post-teenage female patients with acne vulgaris: practical considerations for the clinician based on current data and clinical experience. The Journal of clinical and aesthetic dermatology, 5(3), 37.

Li, M., Wang, X., Gao, Q., & Lu, Y. (2009). Molecular characterization of Staphylococcus epidermidis strains isolated from a teaching hospital in Shanghai, China. Journal of medical microbiology, 58(4), 456-461.

Lin, P., Hu, T., Hu, J., Yu, W., Han, C., Zhang, J., ... & Jiang, H. (2010). Characterization of peptide deformylase homologues from Staphylococcus epidermidis. Microbiology, 156(10), 3194-3202.

Liu, Z. M., Xu, Z. Y., Han, M., & Guo, B. H. (2015). Efficacy of pasteurised yoghurt in improving chronic constipation: a randomised, double-blind, placebo-controlled trial. International Dairy Journal, 40, 1-5.

Masoori, L., Yazdani, S., Rezaei, F., & Amraei, M. (2017). Phytotherapy for Streptococcus viridans. Journal of Pharmaceutical Sciences and Research, 9(7), 1205-1208.

Mishra, S., & Imlay, J. A. (2013). An anaerobic bacterium, B acteroides thetaiotaomicron, uses a consortium of enzymes to scavenge hydrogen peroxide. Molecular microbiology, 90(6), 1356-1371.

Motawe, H. F. A., Abdel Salam, A. F., & El Meleigy, K. H. M. (2014). Reducing the toxicity of aflatoxin in broiler chickens diet by using probiotic and yeast. Int J Poult Sci, 13(7), 397-407.

Nagata, E., Okayama, H., Ito, H. O., Yamashita, Y., Inoue, M., & Oho, T. (2006). Serotype-specific polysaccharide of Streptococcus mutans contributes to infectivity in endocarditis. Oral microbiology and immunology, 21(6), 420-423.

Oprica, C., Emtestam, L., Lapins, J., Borglund, E., Nyberg, F., Stenlund, K., ... & Nord, C. E. (2004). Antibiotic-resistant Propionibacterium acnes on the skin of patients with moderate to severe acne in Stockholm. Anaerobe, 10(3), 155-164.

Otto, M. (2009). Staphylococcus epidermidis—the'accidental'pathogen. Nature reviews microbiology, 7(8), 555.

Palaria, A., Johnson-Kanda, I., & O'Sullivan, D. J. (2012). Effect of a synbiotic yogurt on levels of fecal bifidobacteria, clostridia, and enterobacteria. Appl. Environ. Microbiol., 78(4), 933-940.

Postle, K., & Larsen, R. A. (2007). TonB-dependent energy transduction between outer and cytoplasmic membranes. Biometals, 20(3-4), 453.

Prado, F. C., Parada, J. L., Pandey, A., & Soccol, C. R. (2008). Trends in non-dairy probiotic beverages. Food Research International, 41(2), 111-123.

Research International. 2007; 40: 629-636.

Ruggiero, P. (2014). Use of probiotics in the fight against Helicobacter pylori. World journal of gastrointestinal pathophysiology, 5(4), 384.

Sun-Waterhouse, D., Zhou, J., & Wadhwa, S. S. (2013). Drinking yoghurts with berry polyphenols added before and after fermentation. Food Control, 32(2), 450-460.

Twetman, S., & STECKSÉN-BLICKS, C. H. R. I. S. T. I. N. A. (2008). Probiotics and oral health effects in children. International journal of paediatric dentistry, 18(1), 3-10.

Varotti, C. (1981). Demodex folliculorum ed acne rosacea.

Veith, W. B., & Silverberg, N. B. (2011). The association of acne vulgaris with diet.

Wang, Z. K., Yang, Y. S., Stefka, A. T., Sun, G., & Peng, L. H. (2014). fungal microbiota and digestive diseases. Alimentary pharmacology & therapeutics, 39(8), 751-766.

Wüst, P. K., Horn, M. A., & Drake, H. L. (2011). Clostridiaceae and Enterobacteriaceae as active fermenters in earthworm gut content. The ISME journal, 5(1), 92.

Yoon, S. H., Ha, S. M., Kwon, S., Lim, J., Kim, Y., Seo, H., & Chun, J. (2017). Introducing EzBioCloud: a taxonomically united database of 16S rRNA gene sequences and whole-genome assemblies. International journal of systematic and evolutionary microbiology, 67(5), 1613.

Zukanović, A., Muratbegović, A., Kobaslija, S., Marković, N., Ganibegović, M., & Beslagić, E. (2008). Relationships between socioeconomic backgrounds, caries associated microflora and caries experience in 12-year-olds in Bosnia and Herzegovina in 2004. Eur J Paediatr Dent, 9(3), 118-24.

Zvekić, D., Srdić, V. V., Karaman, M. A., & Matavulj, M. N. (2011). Antimicrobial properties of ZnO nanoparticles incorporated in polyurethane varnish. Processing and Application of Ceramics, 5(1), 41-45.

Bildreferenzen

Ali, M., Zanjani, M., Babak, G., Tarzi, Sharifan, A., & Mohammadi, N. (2015). Microencapsulation of Probiotics by Calcium Alginate-gelatinized Starch with Chitosan Coating and Evaluation of Survival in Simulated Human Gastro-intestinal Condition.

Bozkurt, K., Denktas, C., Ozdemir, O., Altındal, A., Avdan, Z., & Bozkurt, H. (2019). Charge Transport in Bifidobacterium animalis subsp. lactis BB-12 under the various Atmosphere.

Fernandez, L., & Turner, M. (2017). The Chronicles of Incision Management. The Chronicles of Incision Management, VOLUME 1, 22.

Haya, J., García, A., López-Manzanara, C., Balawi, M., & Haya, L. (2014). Importance of Lactic Acid in Maintaining Vaginal Health: A Review of Vaginitis and Vaginosis Etiopathogenic Bases and a Proposal for a New Treatment. Open Journal of Obstetrics and Gynecology, 04, 787-799.

Kobatake, T., Ogino, K., Sakae, H., Gotoh, K., Watanabe, A., Matsushita, O., . . . Yokota, K. (2021). Antibacterial Effects of Disulfiram in Helicobacter pylori. Infection and Drug Resistance, Volume 14, 1757-1764. Leheste, J., Ruvolo, K., Chrostowski, J., Rivera, K., Husko, C., Miceli, A., . . . Torres, G. (2017). P. acnes-Driven Disease Pathology: Current Knowledge and Future Directions. Frontiers in Cellular and Infection Microbiology, 7.

Lei, Y., Xu, Y., Jing, P., Xiang, B., Che, K., Shen, J., . . . Huang, Y. J. A. o. T. M. (2021). The effects of TGF-β1 on staphylococcus epidermidis biofilm formation in a tree shrew biomaterial-centered infection model. 2021, 9(1), 57.

Nakano, V., Piazza, R., Cianciarullo, A., Bueris, V., Santos, M., Menezes, M. A., . . . Avila-Campos, M. (2008). Adherence and invasion of Bacteroidales isolated from the human intestinal tract. Clinical microbiology and infection : the official publication of the European Society of Clinical Microbiology and Infectious Diseases, 14, 955-963.

Rath, S., & Padhy, R. (2015). Surveillance of acute community acquired urinary tract bacterial infections. Journal of Acute Disease, 54.

Rubiano, M. E., Maillard, J.-Y., Rubino, J., & Ijaz, M. K. (2020). Use of a small-scale, portable test chamber for determining the bactericidal efficacy of aerosolized glycol formulations. Letters in Applied Microbiology, 70.

St. Leger, A. J., Desai, J. V., Drummond, R. A., Kugadas, A., Almaghrabi, F., Silver, P., . . . Caspi, R. R. (2017). An Ocular Commensal Protects against Corneal Infection by Driving an Interleukin-17 Response from Mucosal γδ T Cells. Immunity, 47(1), 148-158.e145.

Taketani, M., Donia, M., Jacobson, A., Lambris, J., & Fischbach, M. (2015). A Phase-Variable Surface Layer from the Gut Symbiont Bacteroides thetaiotaomicron. mBio, 6, e01339-01315.

Tonetti, F., Arce, L., Salva, S., Alvarez, S., Takahashi, H., Kitazawa, H., . . . Villena, J. (2020). Immunomodulatory Properties of Bacterium-Like Particles Obtained From Immunobiotic Lactobacilli: Prospects for Their Use as Mucosal Adjuvants. Frontiers in Immunology, 11, 15.

Valan Arasu, M., Al-Dhabi, N., Soundharrajan, I., Choi, K., & Srigopalram, S. (2015). In vitro importance of probiotic Lactobacillus plantarum related to medical field. Saudi Journal of Biological Sciences, 23. doi:10.1016/j.sjbs.2015.09.022

Yamashita, L., Cariello, A., Geha, N., Yu, M., & Hofling-lima, A. L. (2011). Demodex folliculorum on the eyelash follicle of diabetic patients. Arquivos brasileiros de oftalmologia, 74, 422-424.

Zaghari, L., Basiri, A., & Rahimi, S. (2020). Preparation and characterization of double-coated probiotic bacteria via a fluid-bed process: a case study on Lactobacillus reuteri %J International Journal of Food Engineering. 16(9).

Einige weltberühmte Mikrobiologen

Louis Pasteur

(27. Dezember 1822 in Dole, Département Jura; † 28. September 1895 in Villeneuve-l'Étang bei Paris) war ein französischer Chemiker, Physiker, Biochemiker und Mitbegründer der medizinischen Mikrobiologie, der (zum Teil aufbauend auf den bakteriologischen Forschungen Robert Kochs in Wollstein und Berlin) entscheidende Beiträge zur Vorbeugung gegen Infektionskrankheiten durch Impfung geleistet hat.(wikipedia)

Alexander Fleming

Sir Alexander Fleming (* 6. August 1881 in Darvel, East Ayrshire, Schottland; † 11. März 1955 in London) war ein britischer Mediziner und Bakteriologe. Er erhielt 1945 als einer der Entdecker

---

des Antibiotikums Penicillin den Nobelpreis. Außerdem entdeckte er das Lysozym, ein Enzym, das starke antibakterielle Eigenschaften aufweist und in verschiedenen Körpersekreten wie Tränen und Speichel vorkommt. (wikipedia)

Martinus Beijerinck

(* 16. März 1851 in Amsterdam; † 1. Januar 1931 in Gorssel) war ein niederländischer Mikrobiologe und in seinen späteren Jahren der erste Professor für Mikrobiologie an der Technischen Hochschule Delft. Sein offizielles botanisches Autorenkürzel lautet „Beij.“. Bakteriologen nennen ihn in einem Atemzug mit Louis Pasteur, obwohl er weniger bekannt war, weil er sich nicht mit menschlichen Krankheiten beschäftigte. Sein Name steht für herausragende Forschungen, die sich mit den Eigenschaften von Hefe, mit Stickstoffgewinnung, Alkoholproduktion und der Rolle von Milchsäurebakterien auseinandersetzten. Er gilt als einer der Pioniere und Mitbegründer der Virologie. (wikipedia)

Fanny Angelina Hesse

geb. Eilshemius, (* 22. Juni 1850 in New York; † 1. Dezember 1934 in Dresden) war die Erfinderin der bahnbrechenden Nutzung von Agar-Agar als Geliermittel von Bakterienkulturmedien. (wikipedia)

Alphonse Laveran

Charles Louis Alphonse Laveran (* 18. Juni 1845 in Paris; † 18. Mai 1922 ebenda) war ein französischer Mediziner und Bakteriologe, vor allem auf dem Gebiet der Tropenkrankheiten. Er erhielt 1907 den Nobelpreis für Physiologie oder Medizin.

Charles Jules Henri Nicolle

(* 21. September 1866 in Rouen, Frankreich; † 28. Februar 1936 in Tunis, Tunesien) war ein französischer Arzt und Mikrobiologe. Nicolle lieferte wesentliche Arbeiten über Tuberkulose und Diphtherie. 1928 erhielt er den Nobelpreis für Physiologie oder Medizin für seine Arbeiten über Fleckfieber. Nicolle forschte über zahlreiche Infektionskrankheiten, unter anderem Grippe, Kala-Azar oder Scharlach.[1] Neben der Anzüchtung verschiedener Erreger auf künstlichen Nährböden gelang es ihm Passive Immunisierungen gegen Masern durchzuführen.[1] Nicolles Hauptverdienst war die Entdeckung der Übertragung des Fleckfiebers durch Kleiderläuse.

Félix Hubert d'Hérelle

(* 25. April 1873 in Paris[1]; † 22. Februar 1949 in Paris, Frankreich) war ein franco-kanadischer Biologe und führender Mikrobiologe. Er gilt neben Frederick Twort als einer der Entdecker der Bakteriophagen (Viren, die sich in Bakterien vermehren), der sogenannten „Bakterienfresser". Ihren Namen und ihre Entdeckung verdanken sie d'Herelle[2]. im Jahr 1919 behandelte er erstmals einen Ruhr-Patienten mit Bakteriophagen-Lösungen. Der Patient wurde geheilt, und der exzentrische d'Herelle avancierte zum Pionier der Bakteriophagentherapie, die bald von anderen Medizinern angewandt wurde.

Sergei Nikolajewitsch Winogradski

(russisch Сергей Николаевич Виноградский, wiss. Transliteration *Sergej Nikolaevič Vinogradskij*, englisch auch *Sergei Winogradsky* transkribiert; * 1.jul. / 13. September 1856 greg· in Kiew, Russisches

Kaiserreich; † 24. Februar 1953 in Brie-Comte-Robert bei Paris) war
ein russischer Mikrobiologe und Pflanzenphysiologe.

Ilja Iljitsch Metschnikow

(russisch Илья Ильич Мечников, wissenschaftliche Transliteration *Il'ja Il'ič Mečnikov*), auch **Elias Metschnikoff** oder **Elias Metschnikow**, französische, auch von Metschnikow benutzte Form: *Elie*
Metchnikoff (* 3. Mai / 15. Mai 1845 in Iwanowka bei Kupjansk, Gouvernement Charkow, Russisches Kaiserreich; †
2. Juli/ 15. Juli 1916 in Paris, Frankreich), war ein russischer Zoologe, Phylogenetiker, Darwinist, Bakter iologe und Immunologe.

Sein botanisch-mykologisches Autorenkürzel (er beschrieb auch pathogene Pilze) lautet „Metschn.“. Er entdeckte 1883 die Immunabwehr-Mechanismen gegen Bakterien durch weiße Blutzellen (Phagozytose) und erforschte die Heilung und Bekämpfung der Cholera. Im Jahre 1908 erhielt er für „Arbeiten über Immunität“ gemeinsam mit Paul Ehrlich den Nobelpreis für Physiologie oder Medizin.

Antoni van Leeuwenhoek

Antoni van Leeuwenhoek [ˈantoːnɛɪ̯ ˈvɑn ˈleːwənhuk] (* 24. Oktober 1632 in Delft, Republik der Sieben Vereinigten Provinzen; † 26. August 1723 ebenda) war ein niederländischer Naturforscher und der bedeutendste Mikroskopiker des 17. und beginnenden 18. Jahrhunderts.Er entdeckte die Mikroorganismen, darunter Bakterien, Protozoen und andere Einzeller, und wird deshalb als „Vater der Protozoologie und Bakteriologie“ bezeichnet. Er beschrieb die Entdeckung der Spermatozoen und untersuchte diese bei zahlreichen Tierarten. Seine Beobachtungen machten ihn zum Gegner der Spontanzeugung. Parallel zu anderen Forschern seiner Zeit entdeckte er rote Blutkörperchen und die Kapillaren als Verbindung zwischen Arterien und Venen im Blutkreislauf. Seine Forschungsgebiete erstreckten sich auf einen weiten Bereich von der Medizin bis zur Botanik.

van Leeuwenhoek- Mikroskop

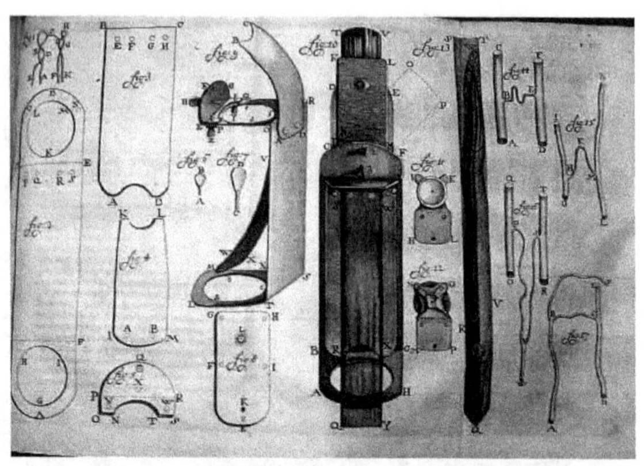

van Leeuwenhoek- Mikroskop

Avicenna

Abū Alī al-Husain ibn Abd Allāh ibn Sīnā (persisch ابن سينا, arabisch أبو علي الحسين بن عبد الله ابن سينا, DMG Abū ʿAlī al-Ḥusain ibn ʿAbd Allāh ibn Sīnā; geboren kurz vor 980 in Afschana bei Buchara in Chorasan; gestorben im Juni 1037 in Hamadan), kurz Ibn Sina und, vermutlich über eine hebräische Zwischenstufe wie Aven Zina, latinisiert Avicenna, war ein persischer Arzt, Naturwissenschaftler, aristotelisch-neuplatonischer Philosoph, Dichter, sunnitisch-hanafitisch ausgebildeter Jurist bzw. Faqīh, Mathematiker, Astronom, Alchemist und Musiktheoretiker sowie Politiker. Er verfasste Werke in arabischer und persischer Sprache.

Avicenna zählt zu den berühmtesten Persönlichkeiten seiner Zeit, tauschte sich philosophisch mit dem berühmten Gelehrten al-Bīrūnī aus, galt bis weit ins 16. Jahrhundert als medizinisch-philosophische Autorität und hat insbesondere die Geschichte und Entwicklung der Medizin maßgeblich mitgeprägt. Einige seiner philosophischen Ausarbeitungen wurden von späteren Mystikern des Sufismus rezipiert. Zu seinen bedeutendsten Werken gehören das Buch der Genesung (Kitāb aš-šifā') und der fünfbändige Kanon der Medizin (Qānūn fī aṭ-ṭibb), welcher, vor allem die griechisch-römische Medizin zusammenfassend, über fünf Jahrhunderte zu den führenden medizinischen Lehrbüchern gehörte.

Emil von Behring

Emil Adolf Behring, ab 1901 **von Behring** (* 15. März 1854 in Hansdorf, Kreis Rosenberg in der Provinz Preußen; † 31. März 1917 in Marburg) warein deutscher Mediziner, Immunologe, Serologe und Unternehmer. Er war Begründer der passiven antitoxischen Schutzimpfung („Blutserumtherapie“) und erhielt 1901 den ersten Nobelpreis für Physiologie oder Medizin.

Besonders aufgrund seiner Erfolge bei der Entwicklung von aus Blutserum gewonnenen Arzneimitteln gegen die Diphtherie, welches er in Zusammenarbeit mit Kitasato Shibasaburō und Paul Ehrlich entwickelte, sowie gegen den Wundstarrkrampf (Tetanus) wurde er in der Presse als „Retter der Kinder“ und – da das Tetanusheilserum insbesondere den Verwundeten des Ersten Weltkriegs zugutekam – als „Retter der Soldaten“ gerühmt. Behring wurde daraufhin 1915 von Kaiser Wilhelm II. mit dem Eisernen Kreuz am weißen Bande ausgezeichnet.

Hattie Alexander

Hattie Elizabeth Alexander (* 5. April 1901 in Baltimore, Maryland; † 24. Juni 1968 in New York City) war eine US-amerikanische Kinderärztin und Mikrobiologin. Sie ist bekannt für die Entwicklung der ersten wirksamen Mittel gegen Haemophilus influenzae b-Infektionen und als eine der ersten Wissenschaftlerinnen, die Antibiotikaresistenzen erkannte und untersuchte. Sie war die erste Frau, die der *American Pediatric Society* vorstand.

Anmerkungen

Anmerkungen

Anmerkungen

Anmerkungen

Anmerkungen

www.ingramcontent.com/pod-product-compliance
Lightning Source LLC
LaVergne TN
LVHW052010160826
845678LV00005B/1705

* 9 7 9 8 4 1 8 3 7 9 2 3 8 *